Libro de Caligrafía para Niños

Bienvenidos a esta emocionante aventura en el mundo de la caligrafía, donde cada página es una oportunidad para crear arte con vuestras palabras. Aquí, daréis vuestros primeros pasos en el arte de escribir de manera bella y estilizada. Recuerda, la práctica hace al maestro, así que toma tus plumas y rotuladores y prepárate para dar vida a las letras. Cada línea que dibujes es un paso más hacia la perfección.

En este viaje, lo mejor es utilizar rotuladores. Puedes usar rotuladores de colores o una pluma con punta gruesa. Estas herramientas te permitirán experimentar con la intensidad y el grosor de las líneas, añadiendo un toque personal y colorido a tu caligrafía. Con los rotuladores de colores, podrás resaltar diferentes partes de tu trabajo y hacer que cada letra destaque con su propia personalidad. Por otro lado, la pluma con punta gruesa es perfecta para aquellos que deseen practicar trazos más audaces y definidos. Independientemente de la herramienta que elijas, cada una abre nuevas posibilidades en tu práctica de la caligrafía. ¡Comencemos juntos este viaje mágico!

Alfabeto

K J

r t

A es para Avión

A

A

A

a

a

a

Avión

Avión

B es para Balón

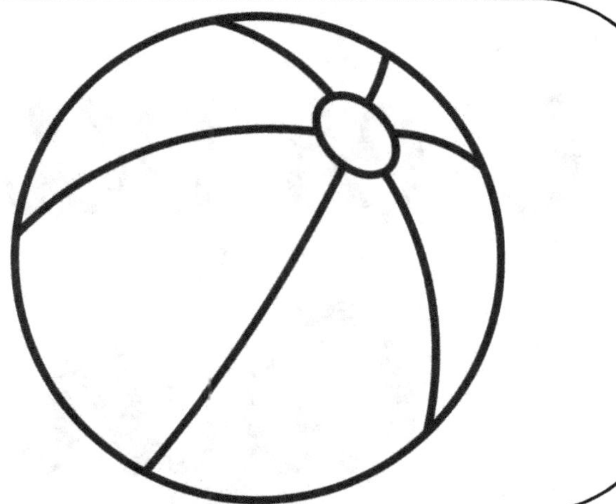

B B B B B B B B B B B B B B

B B B B B B B B B B B B B B

B

b b b b b b b b b b b b b b

b b b b b b b b b b b b b b

b

Balón Balón Balón Balón Balón

Balón

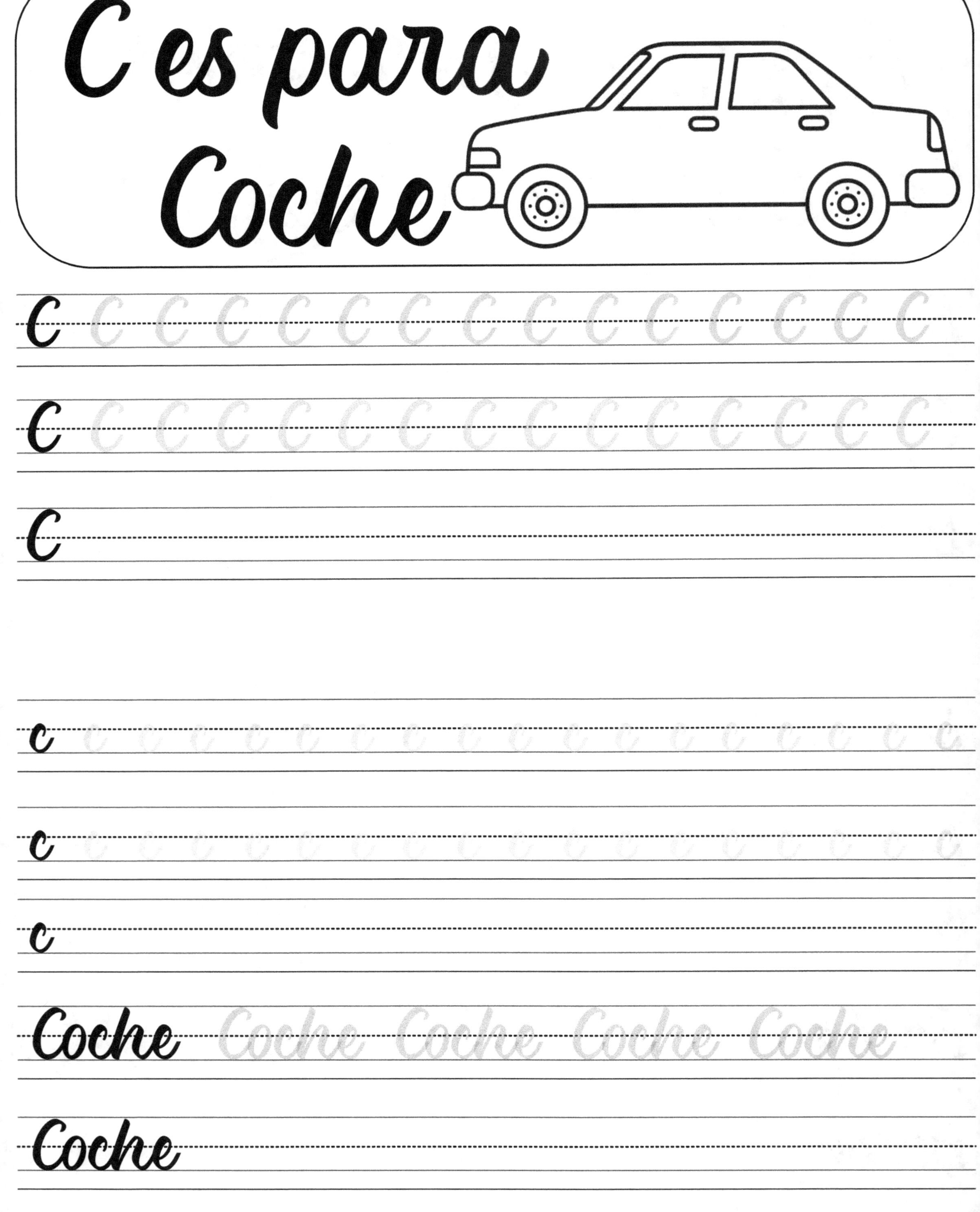
C es para
Coche
C
C
C
c
c
c
Coche
Coche

D es para
Delfín
D D D D D D D D D D D D D
D D D D D D D D D D D D D
D
d d d d d d d d d d d d d d d d d
d d d d d d d d d d d d d d d d d
d
Delfín Delfín Delfín Delfín Delfín
Delfín

E

E

E

e

e

e

Elefante

Elefante

F es para Flor

F F F F F F F F F F F F F F

F F F F F F F F F F F F F F

F

f f f f f f f f f f f f f f f f f f f f f

f f f f f f f f f f f f f f f f f f f f f

f

Flor Flor Flor Flor Flor Flor

Flor

G es para
Gato
G
G
G
g
g
g
Gato
Gato

H es para Helado

H H H H H H H H H H H

H H H H H H H H H H H

H

h h h h h h h h h h h h h h h h h

h h h h h h h h h h h h h h h h h

h

Helado Helado Helado Helado

Helado

I es para Isla

I I I I I I I I I I I I I I I I I I

I I I I I I I I I I I I I I I I I I

I

i i i i i i i i i i i i i i i i i i i i i i

i i i i i i i i i i i i i i i i i i i i i i

i

Isla Isla Isla Isla Isla Isla

Isla

Juego Juego Juego Juego Juego

Juego

K es para Koala

K K K K K K K K K K K K K K

K K K K K K K K K K K K K K

K

k k k k k k k k k k k k k k k k k k

k k k k k k k k k k k k k k k k k k

k

Koala Koala Koala Koala Koala

Koala

L es para Luna

L L L L L L L L L L L L

L L L L L L L L L L L L

L

l l l l l l l l l l l l l l l l l

l l l l l l l l l l l l l l l l l

Luna Luna Luna Luna Luna

Luna

M es para Mariposa

M M M M M M M M M

M M M M M M M M M

M

m m m m m m m m m m m m m m

m m m m m m m m m m m m m m

m

Mariposa Mariposa Mariposa

Mariposa

N N N N N N N N N N N N

N N N N N N N N N N N N

N

n n n n n n n n n n n n n n n n

n n n n n n n n n n n n n n n n

n

Nube Nube Nube Nube Nube

Nube

Ñ es para Ñandú

Ñ Ñ Ñ Ñ Ñ Ñ Ñ Ñ Ñ Ñ Ñ Ñ

Ñ Ñ Ñ Ñ Ñ Ñ Ñ Ñ Ñ Ñ Ñ Ñ

Ñ

ñ ñ ñ ñ ñ ñ ñ ñ ñ ñ ñ ñ ñ ñ ñ ñ ñ

ñ ñ ñ ñ ñ ñ ñ ñ ñ ñ ñ ñ ñ ñ ñ ñ ñ

ñ

Ñandú Ñandú Ñandú Ñandú

Ñandú

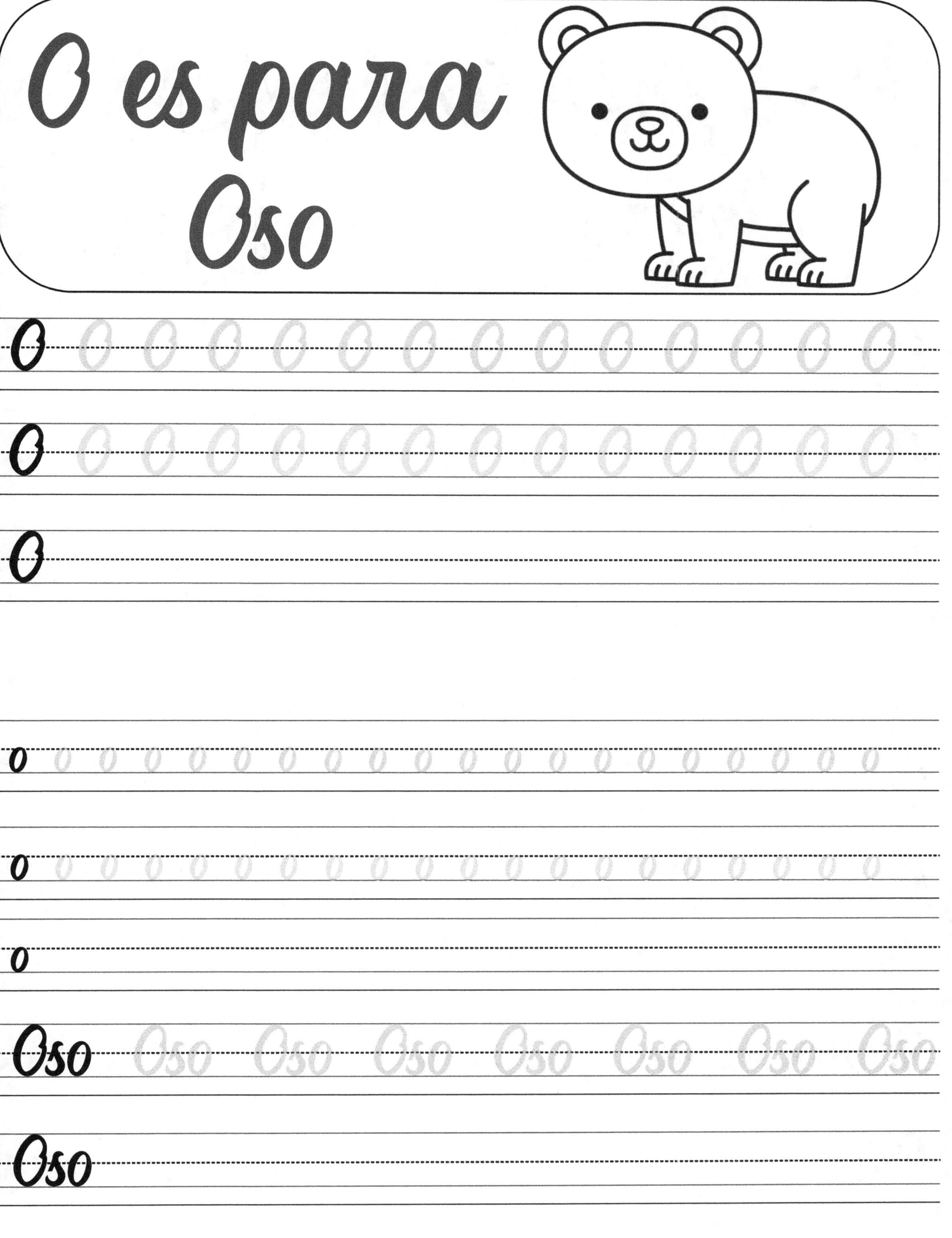
O es para
Oso
O
O
O
o
o
o
Oso
Oso

P es para Perro

P P P P P P P P P P P P P P

P P P P P P P P P P P P P P

P

p p p p p p p p p p p p p p p p p p p p

p p p p p p p p p p p p p p p p p p p p

p

Perro Perro Perro Perro Perro

Perro

Q es para Queso

Q Q Q Q Q Q Q Q Q Q Q Q Q

Q Q Q Q Q Q Q Q Q Q Q Q Q

Q

q q q q q q q q q q q q q q q q q q q

q q q q q q q q q q q q q q q q q q q

q

Queso Queso Queso Queso Queso

Queso

R es para Ratón

R R R R R R R R R R R R R R

R R R R R R R R R R R R R R

R

r r r r r r r r r r r r r r r r r r

r r r r r r r r r r r r r r r r r r

r

Ratón Ratón Ratón Ratón Ratón

Ratón

S es para Sol

S S S S S S S S S S S S S S S S S

S S S S S S S S S S S S S S S S S

S

s s s s s s s s s s s s s s s s s s s s

s s s s s s s s s s s s s s s s s s s s

s

Sol Sol Sol Sol Sol Sol Sol Sol

Sol

T es para Tigre

T T T T T T T T T T T T

T T T T T T T T T T T T

T

t t t t t t t t t t t t t t t t t

t t t t t t t t t t t t t t t t t

t

Tigre Tigre Tigre Tigre Tigre

Tigre

U es para Unicornio

U U U U U U U U U U U U

U U U U U U U U U U U U

U

u u u u u u u u u u u u u u u u u u

u u u u u u u u u u u u u u u u u u

u

Unicornio Unicornio Unicornio

Unicornio

V es para Volante

V V V V V V V V V V V V

V V V V V V V V V V V V

V

v v v v v v v v v v v v v v v v v v

v v v v v v v v v v v v v v v v v v

v

Volante Volante Volante

Volante

W es para Western

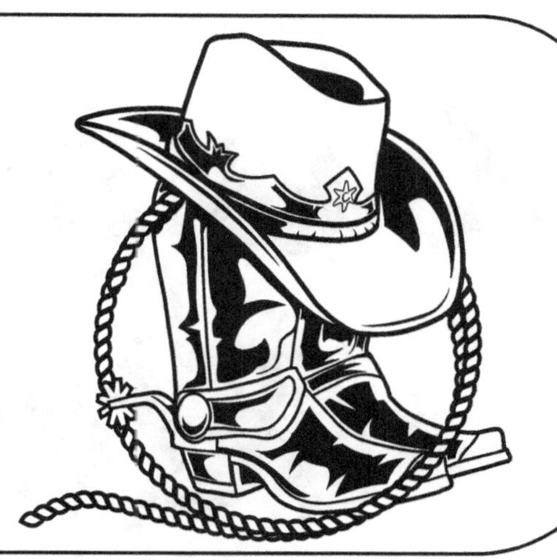

W W W W W W W W W

W W W W W W W W W

W

w w w w w w w w w w w w w w w

w w w w w w w w w w w w w w w

w

Western Western Western

Western

X X X X X X X X X X X X

X X X X X X X X X X X X

X

x x x x x x x x x x x x x x x x x x x

x x x x x x x x x x x x x x x x x x x

x

Xbox Xbox Xbox Xbox Xbox Xbox Xbox

Xbox

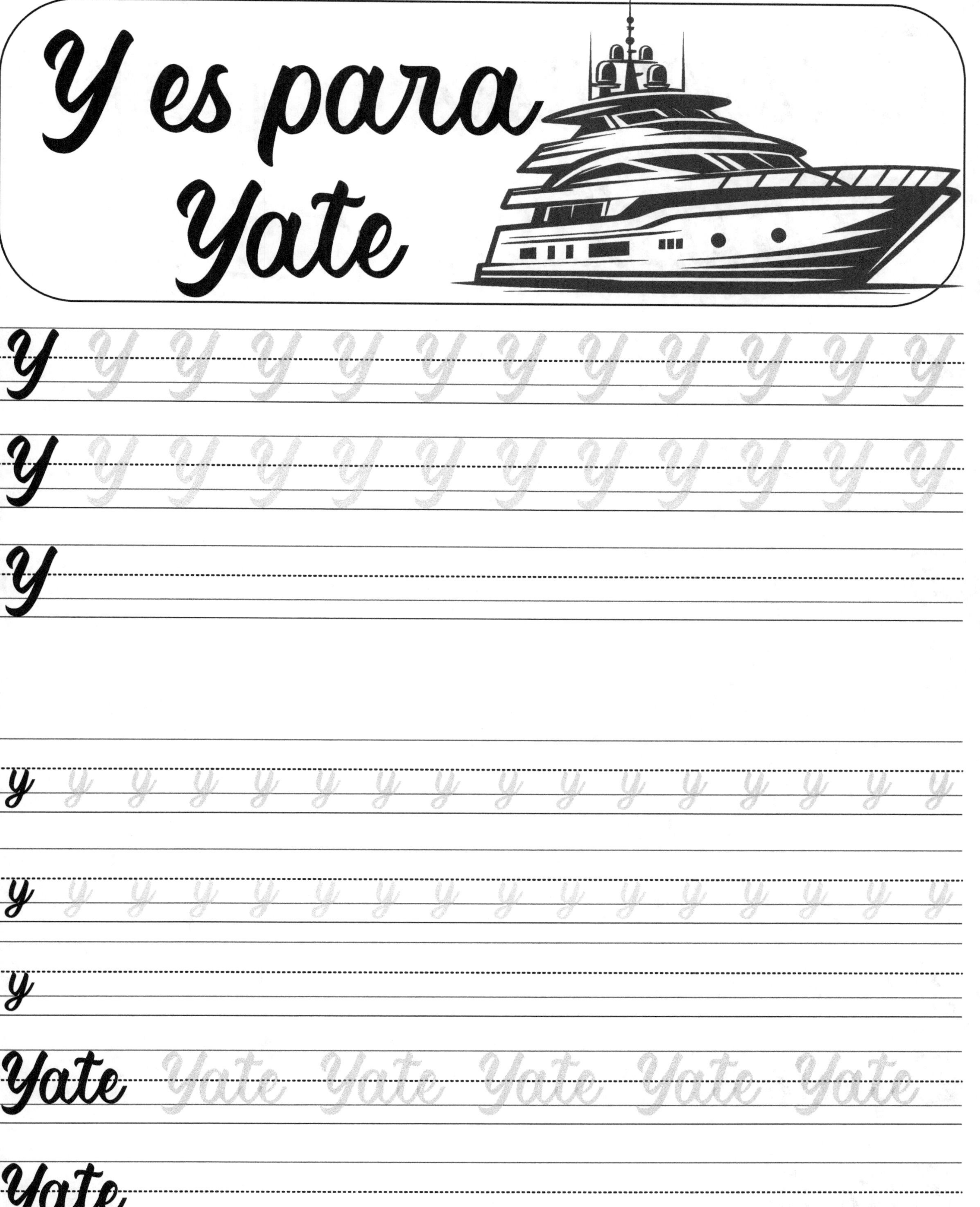
Y es para
Yate
Y
Y
Y
y
y
y
Yate
Yate

Z es para Zapato

Z Z Z Z Z Z Z Z Z Z Z Z

Z Z Z Z Z Z Z Z Z Z Z Z

Z

z z z z z z z z z z z z z z z z

z z z z z z z z z z z z z z z z

z

Zapato Zapato Zapato Zapato

Zapato

Números

Tu Práctica

0 0 0 0 0 0 0 0 0 0 0 0

0

Cero Cero Cero Cero Cero Cero

Cero

1 1 1 1 1 1 1 1 1 1 1 1 1 1 1 1

1

Uno Uno Uno Uno Uno Uno

Uno

0 1 2 3 4 5 6 7 8 9

Tu Práctica

2 2 2 2 2 2 2 2 2 2 2 2 2

2

Dos Dos Dos Dos Dos Dos Dos

Dos

3 3 3 3 3 3 3 3 3 3 3 3 3

3

Tres Tres Tres Tres Tres Tres

Tres

0 1 2 3 4 5 6 7 8 9

Tu Práctica

4 4 4 4 4 4 4 4 4 4 4 4

4

Cuatro Cuatro Cuatro Cuatro

Cuatro

5 5 5 5 5 5 5 5 5 5 5 5 5

5

Cinco Cinco Cinco Cinco

Cinco

0 1 2 3 4 5 6 7 8 9

Tu Práctica

6 6 6 6 6 6 6 6 6 6 6 6

6

Seis Seis Seis Seis Seis Seis

Seis

7 7 7 7 7 7 7 7 7 7 7 7 7 7 7

7

Siete Siete Siete Siete Siete Siete

Siete

0 1 2 3 4 5 6 7 8 9

Tu Práctica

8 8 8 8 8 8 8 8 8 8 8 8 8

8

Ocho Ocho Ocho Ocho Ocho

Ocho

9 9 9 9 9 9 9 9 9 9 9 9 9

9

Nueve Nueve Nueve Nueve

Nueve

0 1 2 3 4 5 6 7 8 9

Palabras y Frases

Amor

Amistad

Felicidad

Tu Práctica

Hola Hola Hola Hola Hola

Hola Hola Hola Hola Hola

Hola

Gracias Gracias Gracias

Gracias Gracias Gracias

Gracias

Por favor Por favor Por favor

Por favor Por favor Por favor

Por favor

Tu Práctica

Amabilidad Amabilidad

Amabilidad Amabilidad

Amabilidad

Aprecio Aprecio Aprecio

Aprecio Aprecio Aprecio

Aprecio

Valorar Valorar Valorar

Valorar Valorar Valorar

Valorar

Tu Práctica

Amor Amor Amor Amor

Amor Amor Amor Amor

Amor

Amistad Amistad Amistad

Amistad Amistad Amistad

Amistad

Respeto Respeto Respeto Respeto

Respeto Respeto Respeto Respeto

Respeto

Tu Práctica

Sonrisa Sonrisa Sonrisa

Sonrisa Sonrisa Sonrisa

Sonrisa

Feliz Feliz Feliz Feliz Feliz

Feliz Feliz Feliz Feliz Feliz

Feliz

Confianza Confianza

Confianza Confianza

Confianza

Tu Práctica

Genial Genial Genial Genial

Genial Genial Genial Genial

Genial

Increíble Increíble Increíble

Increíble Increíble Increíble

Increíble

Fantástico Fantástico

Fantástico Fantástico

Fantástico

Tu Práctica

Chévere Chévere Chévere

Chévere Chévere Chévere

Chévere

Guay Guay Guay Guay

Guay Guay Guay Guay

Guay

Mágico Mágico Mágico

Mágico Mágico Mágico

Mágico

Tu Práctica

Artista Artista Artista

Artista Artista Artista

Artista

Superhéroe Superhéroe

Superhéroe Superhéroe

Superhéroe

Genio Genio Genio Genio

Genio Genio Genio Genio

Genio

Tu Práctica

Héroe Héroe Héroe Héroe

Héroe Héroe Héroe Héroe

Héroe

Aventura Aventura

Aventura Aventura

Aventura

Valiente Valiente Valiente

Valiente Valiente Valiente

Valiente

Tu Práctica

Mamá Mamá Mamá

Mamá Mamá Mamá

Mamá

Papá Papá Papá Papá

Papá Papá Papá Papá

Papá

Abuela Abuela Abuela

Abuela Abuela Abuela

Abuela

Tu Práctica

Abuelo Abuelo Abuelo

Abuelo Abuelo Abuelo

Abuelo

Hermana Hermana

Hermana Hermana

Hermana

Hermano Hermano

Hermano Hermano

Hermano

Tu Práctica

Soy un héroe. Soy un héroe.

Soy un héroe.

Soy valiente. Soy valiente.

Soy valiente.

La magia es real.

La magia es real.

Pinto arco iris. Pinto arco iris.

Pinto arco iris.

Tu Práctica

Cree en ti. Cree en ti.

Cree en ti.

Sigue adelante. Sigue adelante.

Sigue adelante.

Canto canción feliz.

Canto canción feliz.

Ríe mucho. Ríe mucho.

Ríe mucho.

Tu Práctica

Juega libre. Juega libre.

Juega libre.

Eres fuerte. Eres fuerte.

Eres fuerte.

Celebra tus logros.

Celebra tus logros.

Ayuda a otros. Ayuda a otros.

Ayuda a otros.

Tu Práctica

Sé agradecido. Sé agradecido.

Sé agradecido.

Ríe sin parar. Ríe sin parar.

Ríe sin parar.

Comparte risas y sueños.

Comparte risas y sueños.

Brilla fuerte. Brilla fuerte.

Brilla fuerte.

Tu Práctica

Pinta sueños con colores.

Pinta sueños con colores.

Crea amistades con sonrisas.

Crea amistades con sonrisas.

Canta tus canciones favoritas.

Canta tus canciones favoritas.

Tu Práctica

Conoce nuevos amigos.

Conoce nuevos amigos.

Lee libros divertidos.

Lee libros divertidos.

Escucha historias interesantes.

Escucha historias interesantes.

Tu Práctica

Atrapa burbujas de jabón.

Atrapa burbujas de jabón.

Sé valiente explorando.

Sé valiente explorando.

Crea algo nuevo cada día.

Crea algo nuevo cada día.

Tu Práctica

Sueña y cumple sueños.

Sueña y cumple sueños.

La risa es tu superpoder.

La risa es tu superpoder.

Cada día es una aventura.

Cada día es una aventura.

Tu Práctica

Sé el maestro de tus historias.

Sé el maestro de tus historias.

Despliega alas de imaginación.

Despliega alas de imaginación.

Imagina que eres una mariposa.

Imagina que eres una mariposa.

Tu Práctica

Hacemos un picnic en la luna.

Hacemos un picnic en la luna.

Las nubes pintan arcoíris.

Las nubes pintan arcoíris.

El sol hace caras divertidas.

El sol hace caras divertidas.

Mi Lista de Deseos

Visitar Disneylandia - Ver castillos de cuentos de hadas y conocer a mis personajes favoritos de dibujos animados.

Volar en globo aerostático - Admirar el mundo desde arriba, elevándome alto en el cielo.

Construir una casa en el árbol - Tener mi propio lugar secreto donde puedo leer libros y jugar con amigos.

Ver la nieve - Hacer un muñeco de nieve, ángeles en la nieve y deslizarme en trineo.

Viajar al espacio - Ver estrellas, planetas y ser como un astronauta.

Encontrar un dinosaurio real - Averiguar cómo es estar cara a cara con un T-Rex.

Tocar en un gran concierto - Ser una estrella de rock y tocar la guitarra frente a una gran audiencia.

Encontrar un tesoro - Ser como un pirata y descubrir tesoros escondidos en una isla desierta.

Tener poderes mágicos - Hacer magia y realizar cosas increíbles, como en los cuentos de hadas.

¡Hola!

He creado una lista especial de sueños, que es como un mapa del tesoro hacia el mundo de la imaginación. ¡Pero atención! Esta lista aún está incompleta. Le faltan los tesoros más importantes: Tus Sueños.

Tengo para ti una tarea súper especial. Me gustaría que creases tu propia Lista de Sueños. Piensa en todo lo que te gustaría hacer, ver o en quién te gustaría convertirte.

Pero aquí viene algo único: intenta escribir esta lista con una hermosa caligrafía, como un verdadero artista de la caligrafía. Esta será tu mapa especial hacia el mundo de los sueños.

Y hay algo más: junto a cada sueño, dibuja una pequeña imagen. ¡Deja que tu imaginación pinte!

Te mostraré un sueño de mi lista como ejemplo, ¡así que adelante, amigo!

Espero tu lista de sueños artística.

Mi Sueño

Encontrar un dinosaurio real -

Averiguar cómo es estar cara

a cara con un T-Rex.

Me asombré viendo un T-Rex

de cerca.

Tu Lista de Deseos

Tu Lista de Deseos

Tu Lista de Deseos

Tu Lista de Deseos

Tu Lista de Deseos

Tu Lista de Deseos

Tu Lista de Deseos

Tu Lista de Deseos

Tu Lista de Deseos

Tu Práctica

Tu Práctica

Tu Práctica

Tu Práctica

Tu Práctica

¡Ha sido una aventura maravillosa explorar el arte de la caligrafía con vosotros, pequeños artistas! ¡Felicidades por las hermosas letras que habéis creado! Cada trazo que habéis hecho es un reflejo de vuestro esfuerzo y dedicación. Gracias por llenar esta libreta de ejercicios con vuestras hermosas letras y dibujos. Os deseo mucho éxito y que sigáis disfrutando del mágico mundo de la escritura. ¡Hasta la próxima aventura!

www.ingramcontent.com/pod-product-compliance
Lightning Source LLC
Chambersburg PA
CBHW081405130726
47998CB00011B/3082

* 9 7 8 8 3 9 7 0 3 6 1 5 4 *